Inhalt

Liquiditätsrisikomanagement - Was wir aus der Subprime-Krise lernen können

Kernthesen

Beitrag

Fallbeispiele

Weiterführende Literatur

Impressum

Liquiditätsrisikomanage - Was wir aus der Subprime-Krise lernen können

G. Dengl

Kernthesen

- Das Management von Liquidität aus der gewöhnlichen Geschäftstätigkeit und das Management von Liquiditätsrisiken, die aus dem Kapitalmarkt stammen, kann nicht länger getrennt voneinander durchgeführt werden.
- Durch die wachsende Bedeutung der Finanzierung über komplexe Geld- und Kapitalmarktprodukte ist es zukünftig notwendig, Kredit- und Liquiditätsrisiko

gleichermaßen zu berücksichtigen.
- Unternehmen können sich bereits durch Modernisierung des routinemäßigen Liquiditätsmanagements z.B. mit "Cash-Pooling" und "Rating-orientiertem Reporting" substantielle Wettbewerbsvorteile verschaffen.

Beitrag

Die Subprime-Krise basiert zwar auf der Angst vor dem Kreditrisiko, letztlich hat sich jedoch das Liquiditätsrisiko verwirklicht, und die Finanzmärkte weltweit erschüttert. Es stellt sich also die Frage, was man zukünftig im Liquiditätsrisikomanagement besser machen kann.

Obwohl die Subprime-Krise der amerikanischen Hypothekenmärkte auch in Deutschland ihre Spuren hinterlassen hat, kommen immer mehr Brachenkenner zu der Einschätzung, dass die Krise und ihre Auswirkungen womöglich überschätzt wurden und weiterhin werden. (3)
Fakt ist, dass von den faulen Immobilienkredite, die an den Markt gebracht werden sollten, bisher tatsächlich nur ein geringer Teil ausgefallen ist. Aber

das Vertrauen der Käufer fehlte plötzlich, und so wurden die Papiere relativ schnell unverkäuflich. Für die Institutionen, die diese Papiere ausgeben, entstand so ein Liquiditätsengpass, der flächendeckend durch die Aktionen der Zentralbanken gemildert wurde, aber dennoch seine Opfer gefordert hat (siehe IKB und SachsenLB). (7)

Die Rolle der Rating-Agenturen und der Finanzmathematik

Unter anderem werden auch immer wieder Rating-Agenturen dafür angeprangert, zu spät vor der drohenden Krise gewarnt zu haben. Dies ist jedoch nur eine Seite der Medaille, denn die Agenturen beobachten lediglich das Kreditrisiko für das Liquiditätsrisiko sind auch sie bisher nicht zuständig gewesen.
Die Angst an den Märkten rüttelt jedoch im Kern an einer ganz anderen Annahme. Es ist die Annahme mit ausgeklügelten mathematischen Modellen, die Zukunft voraussagen zu können; und die Subprime-Krise ist wieder einmal ein Beweis dafür, dass das nicht funktioniert. (5)
Dennoch dürfen mathematische Modelle nicht grundsätzlich verteufelt werden. Mit Sachverstand angewandt können sie durchaus Nutzen stiften, z.B.

auch im Liquiditätsrisikomanagement.

Liquiditätsrisikomanagement ist eine vergleichsweise junge betriebswirtschaftliche Disziplin mit alten Wurzeln

Ausgangspunkt ist das Liquiditätsmanagement, das schon seit Jahren in Banken aber zunehmend auch in größeren Unternehmen etabliert ist, also die Beobachtung und Steuerung von Zahlungsflüssen in der Bank oder im Unternehmen. Oberstes Ziel hierbei ist die Erhaltung der jederzeitigen Zahlungsfähigkeit, Nebenziele sind die Optimierung von Zahlungsflüssen im Hinblick auf die Maximierung des Zinseffektes, d.h. Forderungen so früh wie möglich einzutreiben und Verbindlichkeiten zu spät wie möglich zu bezahlen, jeweils unter Beachtung von Skonti und Boni. In Unternehmen wird diese Tätigkeit auch mit Working Capital Management bezeichnet, in Banken als Liquiditätscontrolling, Liquiditätsmanagement oder auch als Treasury. [2]
Das besondere an der Subprime-Krise ist, dass es sich hierbei um einen Liquiditätsschock handelte. [6]
Das routinemäßige Liquiditätscontrolling beschäftigt sich mit der gewöhnlichen Geschäftstätigkeit, und

muss solche Schocks weder erkennen noch auffangen; dafür ist das Liquiditätsrisikomanagement zuständig. Das Liquiditätsrisikomanagement beobachtet den Markt und versucht Schwankungen im Liquiditätsbedarf, die nicht aus der gewöhnlichen Geschäftstätigkeit her rühren, im Vorfeld zu erkennen, und das Ausmaß zu bestimmen. Die Auslöser für besonders große Schwankungen können unterschiedlicher Natur sein, sie können entweder aus einzelnen Märkten stammen (Kapitalmarkt, Geldmarkt, Rohstoffmärkte, Währungsmarkt,) oder aus dem Zusammenspiel dieser Märkte. Um die wechselseitigen Beziehungen der Märkte zu verstehen bedarf es komplexer stochastischer Modelle; und dennoch: die Forschung ist hier noch vergleichsweise jung, denn erprobte Modelle existieren kaum. Der Bedarf an verlässlichen Prognosen ist dagegen enorm, weshalb dies auch ein wachsender Markt für die Wissenschaft, insbesondere für Finanzmathematiker, ist.

Das Management von Liquidität und Liquiditätsrisiko ist nur schwer zu trennen

Wenngleich das Management von Liquidität eine

klassische betriebswirtschaftliche Aufgabe ist, der sich Banken und Unternehmen schon seit geraumer Zeit mit unterschiedlicher Intensität widmen, so wird das Management des Liquiditätsrisikos häufig noch separat betrieben und ist noch nicht nahtlos in die Prozesse eingebunden. Diese gedankliche Trennung rührt aus dem Verständnis, dass sich das routinemäßige Liquiditätsmanagement auf den "Normalfall" bezieht, während das Liquiditätsrisikomanagement sich auf die Ausnahmen bezieht. Beide Bereiche müssen allerdings zukünftig stärker zusammenarbeiten, da der zunehmende Einsatz von Kapitalmarkt-Finanzinstrumenten (z.B. strukturierte Produkte oder Derivate) steigende Auswirkungen auf die Liquiditätssituation von Banken und Unternehmen haben wird, die im regulären Liquiditätsmanagement derzeit nicht abgebildet werden.

Banken berücksichtigen das Liquiditätsrisiko im Risikotragfähigkeitskalkül

Anders als das Markt-, das Ausfall- und das operative Risiko zählt das Liquiditätsrisiko derzeit nicht zu den Risiken, die nach Basel II mit regulatorischem

Eigenkapital zu hinterlegen sind. Dennoch fordern die Mindestanforderungen an das Risikomanagement (MaRisk) von Banken, dass alle relevanten Risiken erfasst werden (also auch Geschäftsrisiken und Liquiditätsrisiken), und die Risikotragfähigkeit jederzeit gegeben sein soll.

Eine weitere gesetzliche Grundlage für das Liquiditätsmanagement ist die Liquiditätsverordnung (LiqV).

Die Schwachstelle ist insgesamt, dass Banken zwar Liquiditätskennziffern ermitteln, dass aber verlässliche Prognoseverfahren analog zum Value-at-Risk für Marktrisiken noch nicht existieren, d.h. jede Bank verwendet andere Methoden um eine eigene Einschätzung der zukünftigen Liquiditätslage zu erhalten.

Fallbeispiele

DVB Bank setzt beim Liquiditätsrisikomanagement auf Standardsoftware

Die DVB Bank AG, eine Spezialbank für Verkehrsfinanzierung, hat sich zur Unterstützung ihres Risiko-Managements für die Software "FlexFinance Liquidity" von FERNBACH entschieden. Diese erlaubt Finanzinstituten die Quantifizierung der Liquiditätsrisiken sowie eine Prognose zu deren Auswirkungen.

Einer der Hauptgründe für die Wahl war, dass die aufsichtsrechtliche Akzeptanz der verwendeten Methodik. Es gibt eine durchgehende Sicht der gesamten Liquiditätssituation sowie eine hohe Datentransparenz bis auf die Ebene von Einzel-Cashflows. Weitere Banksysteme, wie beispielsweise SAP Loan Management, können über Standardschnittstellen angebunden werden. (8)

Liquiditätsmanagement für Kommunen

In Zeiten knapper Kassen aber steigender Kassenkreditvolumina wachsen auch für Gemeinden die Anforderungen an ein modernes Liquiditätsmanagement spürbar. Die Stadt Neuss begegnet diesen Anforderungen in einem Kooperationsprojekt mit der WestLB und der Sparkasse Neuss zur Verwirklichung eines Cash-Management-Systems für die Stadt Neuss. Das "WestLB CashManagement" dient dabei der

effizienten Steuerung der täglichen Liquidität des "Konzerns Kommune".
Es handelt sich dabei um ein Internetbasiertes System zur Optimierung des gesamten Liquiditäts- und Zinsmanagements einer Kommune und ihrer Gesellschaften, mit dem Zielen Sicherung der Zahlungsfähigkeit und Steigerung der Rentabilität.
(10)

Weiterführende Literatur

(1) Liquiditätsplanung - Finanzengpässe vermeiden
aus SteuerConsultant, Vol. 9, Heft 09/2007, S. 54-57

(2) Wecke, was in dir steckt
aus FINANCE - Der Markt für Unternehmen und Finanzen Heft 12/2005-01/2006 vom 25.11.2005, Seite 078

(3) Meinungen zur Börsenlage
aus Finanz und Wirtschaft vom 20.10.2007, Seite 19

(4) Ein paar Worte lassen den Markt etwas aufatmen
Man spricht von den Äusserungen Joe Ackermanns über die Deutsche Bank, die weltweite Bankenbranche und die Realwirtschaft
aus Finanz und Wirtschaft vom 05.09.2007, Seite 2

(5) Irrglaube an die Mathematik Eine der Lehren der Bankenkrise ist, dass das Kreditrisiko nicht präzise

messbar ist
aus Financial Times Deutschland vom 15.08.2007, Seite 24

(6) Was Rating-Kritiker übersehen Subprime-Debakel und die Suche nach den Schuldigen – Nur der Kreditausfall zählt
aus Finanz und Wirtschaft vom 22.08.2007, Seite 33

(7) Die Brandwächter der Finanzwelt
aus BILANZ Nr. 15 vom 14.09.2007 Seite 058

(8) O. V., LÖSUNG
aus BILANZ Nr. 15 vom 14.09.2007 Seite 058

(9) Ratingorientierte Reportingtools: Ein neuer Weg zur unterjährigen Informationsversorgung von Kapitalgebern
aus Bilanzbuchhalter und Controller, Heft 08/2007, S. 225

(10) Erfolgreiches Projekt der Sparkasse Neuss und der WestLB Ein leistungsfähiges Cash Management für Neuss
aus Betriebswirtschaftliche Blätter, September 2007, Nr. 09, S. 520

Impressum

Liquiditätsrisikomanagement - Was wir aus der Subprime-Krise lernen können

Bibliografische Information der deutschen Nationalbibliothek

Die Deutsche Nationalbibliothek verzeichnet diese Publikation in der deutschen Nationalbibliografie; detaillierte bibliografische Daten sind im Internet über http://dnb.d-nb.de abrufbar.

ISBN: 978-3-7379-0468-1

© 2015 GBI-Genios Deutsche Wirtschaftsdatenbank GmbH, Freischützstraße 96, 81927 München, www.genios.de

Alle Rechte vorbehalten. Dieses Werk ist einschließlich aller seiner Teile – z.B. Texte, Tabellen und Grafiken - urheberrechtlich geschützt. Jede Verwertung außerhalb der Grenzen des Urheberrechtsgesetzes bedarf der vorherigen Zustimmung des Verlags. Dies gilt insbesondere auch für auszugsweise Nachdrucke, fotomechanische

Vervielfältigungen (Fotokopie/Mikroskopie), Übersetzungen, Auswertungen durch Datenbanken oder ähnliche Einrichtungen und die Einspeicherung und Verarbeitung in elektronischen Systemen.